Opere dello stesso autore:

- *'Asfârwasirâb – Viaggi e miraggi* (bilingue), ed. I Fiori di Campo, 2003

- *'Inni qarartu 'Akhîran an 'arhalab'aîdan m'a-l-laqâliq – Ho deciso finalmente... andrò via con le cicogne...* (bilingue), Collezione Maestrale, 2005

- *Poésiesdepuisla ville de Menton - Poésiasdesde la ciudad de Menton*, (bilingue) ed. Edilivre, 2008; ed. BOD, 2016

- *Silvia o la ilusión del amor*, ed. Lampi di Stampa, 2010

- *Tierra del Fuego*, ed. Lampi di Stampa, 2014

- *Il caimano*, ed. BoD, 2014

- *Muhît al-kalimât – Oceano di parole*, (bilingue), ed. BoD, 2014

- *Guardando altrove*, ed. BoD, 2016

- *Poesia della Nuova Era Vol. I*, ed. BoD, 2016

- *El marcalibros*, ed. BoD, 2017

- *Rosso di Marte*, ed. BoD, 2017

- *Lemhat al-hida'at - Il profilo del nibbio*, (bilingue) ed. BoD, 2018

- *Poesie della Nuova Era Vol. 2*, ed. Bod, 2020

- *E ringrazio*, ed. BoD, 2021

<u>Collezione Reincarnazione</u>

- *Rotta per l'India* ed. BoD, 2016

- *Il ritorno dello sciamano*, ed. BoD, 2018

- *Intuizioni e memorie*, ed. BoD, 2019

- *Il banchetto*, ed. Bod, 2019

- *Sul filo del Tempo*, ed. BoD, 2019

- *Viaggiatore atemporale*, ed. BoD, 2020

- *Ritorniamo sulla Terra*, ed. BoD, 2020

- *Il terzo viaggio*, ed. BoD, 2020

- *Da una vita all'altra*, ed. BoD, 2020

- *Il tempo infinito*, ed. BoD, 2021

Angelo Rizzi

Manoscritti e planisferi

© 2021, Angelo Rizzi
Édition : BoD – Books on Demand
12/14 rond-point des Champs-Élysées, 75008 Paris, France
Impression : BoD - Books on Demand,
Norderstedt, Allemagne
ISBN: 9782322268993
Dépôt légal : octobre 2021

Biografia

Angelo Rizzi è nato a Sant'Angelo Lodigiano. Ha ottenuto una Laurea in Lingua, Letteratura e Cultura Araba all'Università Montaigne-Bordeaux in Francia e ha ottenuto una seconda laurea in Lingua, Cultura e Letteratura Italiana all'Università Sophia Antipolis di Nizza, sempre in Francia. Italiano madrelingua, ha composto i suoi poemi in arabo, spagnolo, francese e italiano. Grazie a questa sua particolarità, nel 2006 è stato invitato a partecipare ad un congresso all'UNESCO a Parigi, sul tema *Dialogo tra le Nazioni*.

Ha partecipato a numerosi incontri poetici di rinomanza internazionale a Roma, L'Avana, Parigi, Curtea de Argeş (Romania), Djerba (Tunisia), Porto Alegre (Brasile), Vijayawada (India). Sue poesie sono apparse in antologie e riviste in Italia, Stati Uniti, Svizzera, Cuba, Argentina, Kuwait, Spagna, Brasile, Romania, Hong Kong, India, Bolivia, Kenya, Seychelles. Nel2015 la *"Academia de Letras ALPAS 21"* lo ha nominato Accademico Corrispondente Internazionale.

<u>Riconoscimenti letterari.</u>

Tra i più importanti: **Vincitore Assoluto** del **XX° Premio Mondiale Nosside**, 2004. Menzione d'Onore per la raccolta *'AsfârwaSirâb - Viaggi e Miraggi*, al premio Sogno di un Caffè di Mezza Estate, 2004 e Medaglia d'Argento per la stessa opera al Premio Internazionale Maestrale, 2004. Menzione di Merito al Premio Internazionale Poseidonia Paestum, 2005. **I° Premio** al **Premio Internazionale Tra le Parole e l'Infinito**, 2008, dopo avere vinto per tre volte il 2° premio nello stesso concorso nel 2005, 2006, 2007. 3° Premio al Premio Internazionale Bodini 2009.

Menzione Internazionale al Premio Alpas 21, Brasile, 2009. **1° Premio** al **Premio Internazionale Città di Sassari** per la poesia inedita, Italia 2010. Premio della Critica al Premio Internazionale Tra le Parole e l'Infinito, 2010. 2° Premio per la raccolta *Silvia o la ilusión del amor*, della Giuria Scuole al Premio Internazionale Città di Sassari, 2011. Menzione speciale della Giuria per la Critica per la raccolta *Poésies depuis la ville de Menton-Poesías desde la ciudad de Menton* al Premio Internazionale Città di Sassari, 2012 e Premio Speciale per la Critica della Giuria delle Scuole per la stessa raccolta. Ha ottenuto il **Premio** per la **Migliore Opera in lingua straniera** per la raccolta *Poésies depuis la ville de Menton-Poesías desde la ciudad de Menton*, al **Premio Internazionale Locanda del Doge**, 2013. II° Premio al Premio Internazionale Carmelina Ghiotto Zini, 2013. **1° Premio** al**Premio Internazionale di Poesia Città di Voghera**, 2014. 3° Classificato per la silloge inedita *Il caimano* al Premio Internazionale Città di Sassari 2014 e Menzione Speciale per la stessa opera edita e ampliata al Premio Internazionale Casentino, 2015. 2° Premio al Premio Letterario "Il litorale", per la raccolta *Muhît al-kalimât – Oceano di parole*, 2016. Menzione d'Onore sempre per la raccolta *Muhît al-kalimât – Oceano di parole*, al Premio Casentino, 2016. Premio per la Critica, per la narrativa (racconto breve), al Premio Internazionale Tra le Parole e l'Infinito, 2016 e 2018, oltre Premio della Critica nel 2015 e 2017, oltre a il Premio del Presidente nel 2019 per lo stesso concorso. Premio per la Critica per la raccolta *Rosso di Marte*, al Premio Europeo Massa città fiabesca d'arte e di marmo 2017. **1° Premio** al **Premio Internazionale Città di Voghera**, 2019 e 2020. Oltre a diverse Menzioni d'Onore e di Merito in altri premi. È stato Finalista in vari premi internazionali in Italia, Spagna, Svizzera, Argentina, Venezuela e Stati Uniti.

Membro di *REMES* (Red Mundial de Escritores en Español); *World Poet Society*; *Poetas del Mundo* e *SELAE* (Sociedad de Escritores Latino-Americanos y Europeos), Motivational Strips e Unión Hispanomundial de Escritores.

Nel 2015, è stato nominato **Accademico Corrispondente Internazionale** dalla *Academia Internacional de Artes, Letras e Ciênsas* ALPAS 21, Cruz Alta (R/S), BRASILE.

- 2020, Il forum Motivational Strips, Mascate, OMAN, gli ha attribuito la *Golden Medal Ambassador de Literature*

- 2020, La **Unión Hispanomundial de Escritores, Urubamba, PERÙ**, gli ha attribuito il *Premio Mundial a la Excelencia Literaria* per il 2019/2020.

- 2020, La **Unión Hispanomundial de Escritores, Urubamba, PERÙ**, gli ha attribuito il *Premio Mundial César Vallejo a la Excelencia Artística*.

- 2021, La **Unión Hispanomundial de Escritores, Urubamba, PERÙ**, gli ha attribuito il *Premio Mundial "Aguila de Oro" a la Excelencia Cultural*.

Partecipazioni Letterarie

- 2004, **Reading Poetico, Istituto Italo - Latinoamericano, Roma, ITALIA**.

- 2005, Fiera del Libro, L'Avana, **Ospite d'Onore** alla premiazione del Premio Nosside Caribe, CUBA.

- 2005, Festival della Poesia, L'Avana, CUBA.

- 2006, Reading Poetico, Fiera del Libro, L'Avana, CUBA.

- 2006, **Congresso** all'**UNESCO** sul tema "Dialogo tra le Nazioni", **Reading Poetico, Institut du Monde Arabe, Parigi, FRANCIA**.

- 2014, 2015, 2016, 2018, **Salone del Libro di Montecarlo, MONACO.**

- 2014, Fête du Livre, Breil sur Roya, FRANCIA.

- 2014, Festival du Livre, Mouans-Sartoux, FRANCIA.

- 2016, **Festival Internazionale della Poesia, Curtea de Argeș, ROMANIA.**

- 2017, Reading Poetico Internazionale in chiusura al 1° *Symposium Science et Conscience*, Djerba, TUNISIA.

- 2018, Reading Poetico Internazionale in chiusura al 2° *Symposium Science et Conscience*, Djerba, TUNISIA.

- 2019, Fiera del Libro, Porto Alegre R/S, BRASILE.

- 2019, **INTERNATIONAL AMARAVATI POETRY MEETING, CCVA, VIJAYAWADA, Andra Pradesh, INDIA.**

- Dicembre 2020, **Ospite d'onore** a **Kaavya Kaumudi International Poetry Meeting** (on line), **Hyderabad, Telangana, INDIA.** -Gennaio 2021, Kaavya Kaumudi and Telangana Sahitya Academy International Poetry Meeting (on line), Hyderabad, INDIA.

- Febbraio 2021, **International On-line Literary Meeting by ISISAR (International Society for Intercultural Studies and Reasearchs), Kolkata, INDIA.**

- Marzo 2021, **Ospited'onore** a **Kaavya Kaumudi and Telangana Sahitya Academy International Poetry Meeting** (on line), **Hyderabad, INDIA** (on line).

- Maggio 2021, Kaavya Kaumudi and Telangana Sahitya Academy International Poetry Meeting (on line), Hyderabad, INDIA. -Luglio 2021, Kaavya Kaumudi and Telangana Sahitya Academy International Poetry Meeting (on line), Hyderabad, INDIA.

- Luglio 2021, **Creativity is Intelligence SP, Global Poetry Meet** (on line), **Tripura, India.**

Premessa

Nonostante lo scopo ultimo di questo libro, non sia di posizionarsi tra i saggi specializzati e dedicati a questo argomento, il lettore merita un'ulteriore decifrazione, benché già enunciata in alcuni volumi precedenti, onde evitare erronee interpretazioni.

La trasmigrazione dell'anima ossia la reincarnazione, attira un numero sempre maggiore di individui, pur restando ai giorni nostri una tematica controversa. Persino tra coloro che sostengono questa tesi, possiamo incontrare variazioni teoriche importanti riguardo la conoscenza della metempsicosi. Inizialmente, il fine dell'autore era di creare un'opera letteraria originale attorno a questa precisa tematica. Possiamo ormai affermare che ci sia riuscito, avendo realizzato un'imprevedibile collezione di undici volumi, spesso concatenati tra loro con episodi di una stessa vita o di vite diverse che appaiono e riappaiono senza ordine cronologico. Una collezione che sfugge a qualsiasi paragone ed a qualsiasi altro modello letterario.

Manoscritti e planisferi è l'11° volume di una peculiare collezione tematica, dove l'autore racconta le proprie vite anteriori in prosa poetica. Lo ritroviamo funzionario tra Praga e Bologna nel 17° secolo, maestro di scuola tra la

Francia e la Spagna oltre che grande viaggiatore tra oriente e occidente verso la fine dell'800, emissario inglese in India all'inizio del 19° secolo, dove il contatto con questo paese, lo porterà a un mutamento interiore, che lo allontanerà dalla sua missione per intraprendere un viaggio iniziatico alla ricerca della spiritualità. Lo scopriamo di nuovo funzionario a Firenze a fine '500, giudice a Toledo in contrasto con l'Inquisizione, ma anche poeta giramondo sul finire del primo millennio tra el-Andalus e il Maghreb, seguendo la ruota del karma.

La reincarnazione è una danza.
È un movimento di vita al ritmo dell'universo.

Frederick Lenz

Manoscritti e planisferi

Klementinum

È vero che ho incontrato

Keplero[1] per due volte

mentre nella sua città

ci andavo di frequente

evitando gli inverni rigidi

prediligevo le altre tre stagioni.

Ho scoperto che mia madre

era di Praga

di famiglia molto agiata

con origini tedesche

viveva nella parte ovest

oltre il fiume

nel quartiere di Mala Strana.

Mio padre era italiano

di Bologna

non so ancora chi fosse

cosa facesse.

Quanto a me

ero segretario. Di chi?

Anche questo non so ancora

però so che avevo accesso

alle alte amministrazioni.

Nei pressi della città boema

vivevano le mie due sorelle

maritate secondo le convenienze

con persone di buon rango.

Tramite la mia famiglia

ero spesso invitato nei palazzi

anche nella vicina campagna

in un luogo dove di solito

si passeggiava a cavallo.

Dei palazzi preferivo

quello di Wallenstein, il generale

per il suo giardino

sovente ero ospite, perlomeno

sino alla sua morte, fu assassinato

in seguito a un complotto.

Avevo conosciuto Giovan Battista

il suo astrologo personale

non gradivo la sua presenza

lo trovavo mellifluo, ambiguo

subdolo, manipolatore.

Reciprocamente, non mi sembrava

gradisse molto la mia persona.

Poi girò voce, che facesse il doppio gioco

che fosse una spia

del resto era presente nella stanza

qualche minuto prima

dell'assassinio del suo mentore.

Quando andavo al Klementinum

nelle sale della biblioteca

dell'università

molto lontane nell'aspetto

benché magnifiche

da quello che ammiriamo oggi

potevo restarci per giornate intere

ero pure scrittore, facevo ricerche.

Di cosa? Anche questo non so ancora.

In quel luogo mi sentivo

a mio agio, completamente

circondato da manoscritti e planisferi

lo percepivo come un luogo intimo

in accordo con le mie emozioni.

---

[1] *Rotta per l'India*, ed. BoD 2016, *Il tempo infinito*, ed. BoD 2021, dello stesso autore

Il palazzo

Il palazzo di Malonstranka[1]
dove vivevo saltuariamente
quando raggiungevo
parte della mia famiglia
era un'accogliente dimora
in stile rinascimentale
che in seguito vendemmo
prima che da altri
venisse ricostruita
in stile barocco
e poi rococò.
Nel secolo attuale
il ventunesimo
quello dal quale vi scrivo
coincide nella sua posizione

al Palazzo Turb

dove si è installata

l'ambasciata giapponese.

Al tempo della vendita

mia madre si era trasferita

verso l'Austria

mio padre con lei.

Quanto a me

sono rimasto a Bologna

fino alla fine

in pace con tutto

più o meno con tutti.

Non mi ero mai sposato.

avevo una compagna

con origini polacco-tedesche

ed una figlia.

Una vita gradevole

direi proprio di sì!

A parte le due città

spesso citate

ho la sensazione

di aver molto viaggiato

ma dove, ancora mi sfugge.

[1] Mala Strana

L'amicizia e il tempo

A Mala Strana

nel palazzo rinascimentale

ora in stile rococò

con la facciata rosa pastello

dove viveva mia madre

tra la riva del fiume

e le colline del castello

mio padre andava e veniva

dall'Italia, ed io come lui

la mia stanza era al secondo piano

da sinistra la prima finestra

guardando dalla strada.

Nel grande quartiere

c'erano diversi italiani

artigiani, commercianti

noti architetti

più o meno riuniti

nella stessa via.

D'improvviso mi sfiora

un'intuizione

riguarda un amico

di questa vita attuale

l'ultima, dalla quale vi racconto

in questo momento presente

un amico italiano di vecchia data

mio compagno di scuola

poi ritrovato collega

in uno dei miei tanti

luoghi di lavoro.

L'intuizione

che diventa percezione

mi dice di averlo incontrato

proprio in quel quartiere di Praga

quattro secoli fa.

Lui, molto abbiente

in quell'epoca, di famiglia boema

viveva sull'altro lato del fiume

in una bella casa oltre la città vecchia.

Era cugino germano

del marito di mia sorella

la più grande

eravamo già amici

venne poi a trovarmi a Bologna

dove rimase a studiare.

Questa amicizia

ha il suo modo per spiegare

che il tempo non è lineare.

Movimento 1

Prima di insegnare a Tataouine[1]
molto prima
però durante la stessa vita
ero stato maestro di scuola
per cinque anni
in una piccola città
dalle parti di Tarragona.
Mia madre, spagnola
di Barcellona
mio padre, francese
del sud ovest
di quella regione
dove vi sono castelli
con le torri a forma di cono
dove la natura rigogliosa

[1]*Intuizioni e memorie*, ed. BoD 2019, dello stesso autore

traversata dall'acqua generosa
di fiumi, ruscelli, torrenti
assume colori magici
all'alba, al tramonto
dopo i temporali
dove si coltivano vigne
alberi da frutto
pesche, prugne, albicocche.
Mia moglie, francese
insegnava pure lei
se n'è andata molto presto
senza rumore
il medico non sapeva dire
se fosse per malattia
o per il suo *karma* compiuto

arrivato alla fine
del proprio cammino
la conclusione
di quel percorso di vita.
Avevo trentacinque anni
non me l'aspettavo.
Con lei, avevo molto viaggiato
dall'Andalusia fino a Parigi
nell'Italia appena unita
persino in India
paese delle meraviglie.
Mi ha lasciato una figlia
che ho cresciuto
con l'aiuto di una balia.
Ero in perenne movimento

due anni dopo, ero altrove
in altre contrade
un altro paese
la portavo sempre con me.

Movimento 2

Nel nostro primo viaggio
il viaggio di nozze
arrivammo nella dolce Malaga.
Credevo fosse la mia prima volta
in questa magnifica città
ma dovevo esserci già stato
in vite ancora anteriori
al tempo d'*el-Andalûs*
della Spagna araba.
Al nostro arrivo
fin dal primo istante
mi invase una tenera sensazione
la percezione che il mio cuore
si fosse espanso
che accogliesse ogni movimento

ogni immagine, ogni voce
ogni colore
mi pervase la commozione
di sentirmi pacificato
mentre il tempo che non esiste
se ne stava là, in silenzio.
Ad ogni mio passaggio
in questo luogo
persino dopo un secolo
vale a dire
a distanza di altre due vite
a fine ventesimo secolo
ho ritrovato in questo spazio
ho riprovato in questo posto
la stessa fine emozione.

Proseguimmo verso Granada
poi Siviglia
ritornando a sud
virando ad ovest
fino a Puerto de Santa Maria
dove comprai una chitarra
la stessa medesima azione
che compii cento anni dopo
nell'esistenza attuale
benché in altra compagnia
altre circostanze
altre situazioni.

Movimento 3

Il secondo viaggio
ci portò a Parigi
ne eravamo
pienamente affascinati
le strade ampie, le piazze
la moltitudine, la gente
la moda, la luce
le terrazze dei caffè
le notturne passeggiate
lungo la Senna
enormi monumenti
lo spazio, la vastità
la sensazione di toccare il cielo
mentre camminavamo
toccando la terra

Il terzo viaggio
fu viaggio d'arte
verso l'Italia da poco unita
però non ancora completa
Genova, Firenze, Roma
Percepivamo fermento, eccitazione
per l'idea di questa nuova nazione
unita nella politica, nello spirito
non solo geografia
benché non tutti fossero in accordo
l'intesa totale, completa
non la si trova in alcun paese
e quando pur bene esiste
è di natura effimera, sporadica
ha i tempi contati
sovente finisce con l'essere imposta

Movimento 4

Il quarto viaggio
traversando il Mediterraneo
poi l'Egitto sino al Mar Rosso
di nuovo la nave
verso il porto di Aden
ed un piroscafo fino a Bombay
di nuovo in nave verso Kolkata
ma gli inglesi la chiamavano Calcutta.
Durante l'ultima navigazione
conoscemmo una coppia
proseguendo con loro
verso il Darjeeling
destinazione finale.
Tornati in Francia
nacque una figlia.

Mia moglie era bionda
dai capelli ondulati
con qualche ricciolo selvaggio
era amabile, affidabile
affatto complicata.
Un giorno se ne andò
senza dir niente
nel sonno
dall'espressione del viso
non mostrava
di aver provato dolore
aveva la mia stessa età.
Ho conosciuto altre donne
senza più risposarmi
non ho mai voluto

che un'altra persona
quotidianamente
vivesse con me.
In seguito
dopo un po' di tempo
accompagnato da mia figlia
me ne andai un anno
a fare il maestro
nel sud della Tunisia.

Domande, risposte

Una casa bianca
una bella casa
un palazzo avvolto
dalle liane
dalla folta vegetazione
ficus, sicomori
radici si intrufolano
nella terra, sotto i muri
rami, fogliami
sfiorano finestre
si accovacciano sui tetti.
L'inserviente apre la porta
mi accoglie con un inchino
mi introduce attraverso
stanze e corridoi

un uomo mi attende
in un ampio salone
solerte mi dice:
Benvenuto a Bangalore!
Veste semplice, tuttavia
decanta eleganza
nel viso, nei modi, nei gesti
ho molte domande
conosce le risposte
conosce molte cose
ha viaggiato
parla disparate lingue
si dichiara buddista.
Sono inglese
nella prima metà

dell'ottocento
cerco contatti, informazioni
con chi si oppone
al sultano di Mysore
alleato dei francesi.
Progredendo nei contatti
ho l'impressione
che sminuisca l'interesse
verso questa mia missione
provocando in me disagio
mentre aumenta interiormente
la ricerca di qualcosa
ancora da definire
ricerca che porterà
ad un periplo inaspettato

a scelte importanti
seppure controverse.
Avevo già narrato[1]
in parte
di questa esistenza
non giungono gli episodi
in ordine cronologico
ma alla rinfusa
tra penombre, luci ed ombre
seguendo un esoterico desiderio
nei labirinti del *karma*
dal Kerala fino al Kashmir
e al di là verso il paese
dai mille monasteri
per passare in seguito a Katmandu

---

[1] *Il ritorno dello sciamano*, ed. BoD 2017, *Viaggiatore atemporale*, ed. BoD 2020. Dello stesso autore

tornare in India dal Ladakh.
Nella vita attuale, in questa
dalla quale vi racconto
qualcuno mi ha detto
di non tornare in Nepal
benché ne sia molto attratto.
Laggiù ci sono al mio riguardo
energie piuttosto negative
come dire che in quel luogo
per me non tira buona aria.
Al contrario, del Tibet
non mi attira nulla
né politica, né geografia o religione
pertanto qualcuno mi ha detto
che ci ritornerò, aggiungendo:

Ti vedo salire lassù, in alto.
Spontaneamente ho chiesto:
Al monastero?
Mi ha risposto: Sì, al monastero!
Non per niente, oggi sei vestito
con i colori dei lama tibetani.

Zeta

Prendo congedo dal mio ospite
osservo la casa bianca
per l'ultima volta
una guida mi accompagna
ridiscendo verso Cochin
per risalire la costa fino a Bombay
dove do un resoconto ai miei superiori
del fallimento della missione.
Mi dissocio, loro insistono
cercano di convincermi
a continuare
non accetto, saluto, me ne vado
mi sento svuotato
la sensazione non è gradevole.
Si manifestano lentamente

nuove attrazioni
la musica *carnatica*
ha un effetto ipnotico
medicamentoso.
Mi sento alla fine
alla lettera *zeta*
lettera strana
simbolizza un andare e venire
l'incrocio dei tempi
la lettera dell'alleanza
tra l'inizio e la fine
poiché la fine
non è che l'inseminazione
di un nuovo inizio
una nuova partenza

un nuovo viaggio
all'interno della stessa vita
conservando il discernimento
che sempre mi farà distinguere
misticismo da spiritualità.
La mia innata prudenza
mi proteggerà
disegnerà i limiti
da non oltrepassare
mentre la mia apertura
alle esperienze
mi permetterà di evolvere
nel percorso di questa esistenza
elevando lo stato di coscienza
per vibrare di nuova energia.

Non vedo, ma sento
lo percepisco
la mia intuizione si apre
come fior di loto
è qualcosa che ho già vissuto
fa parte del *dejà vu*.

Due tribunali

Ero giudice a Toledo
nel milleseicento sessantacinque
ai miei ordini, sei guardie
quattro giudici ausiliari
facevano le ronde nel settore
nel distretto
di nostra competenza.
Aumentava la popolazione
e in relazione la malvivenza
più distretti, più magistrati
alcuni esercitavano in buona fede
con rettitudine, sinceramente
altri più cupidi
cadevano nella venalità
altri ancora erano negligenti.

Giudice di corte, così era il titolo
processi per delitti comuni
furti, violenze, abusi.
Poteva essere che l'arrestato
avesse due accuse
allo stesso tempo
una di diritto civile
l'altra di carattere religioso.
Interveniva a quel punto
il tribunale dell'Inquisizione
al quale un giorno mi sono opposto
dovendo in seguito lasciar perdere
ho dovuto piegarmi, abbandonare.
I suoi componenti
erano ormai persone influenti

molto protetti, troppo potenti.
Mi ero opposto per via di un uomo
arrestato per malversazione
ma essendo lui, considerato
tra i *marrani*, nuovi convertiti
l'altro tribunale ne voleva approfittare
requisendo i beni della sua famiglia
e beninteso estorcere loro danaro.
Ho ricevuto avvertimenti
che diventarono intimidazioni
trasformate poi in minacce
dirette ed indirette.
Ho valutato la situazione
il peso della bilancia
cadeva evidente dalla loro parte.

Il mio compito ha iniziato
a sembrarmi ripetitivo
la città ormai caotica
non facilitava le cose
presentivo di essere giunto
ad un punto morto
un contesto frenato
ed ero infastidito
dagli intralci, dalla presenza
di persone ottenebrate
nella fanatica caccia agli eretici.
Ho deciso di vendere tutto
di ritirarmi
sono partito per Saragozza
dove mi sono occupato di altro.

Sebbene a questa distanza di tempo
perché insisto, il tempo non esiste
ho la netta sensazione che l'importante
non fosse tanto il mio statuto
il posto raggiunto nella società
piuttosto apprendere, imparare
a dominare le proprie reazioni
conoscere le proprie emozioni
per poterle controllare
per diventare un vero *maestro*.

Firenze

Dal torrione che si innalza
sovrastando la casa
lo sguardo vola
tra paesaggi eccezionali.
A dritta posso vedere
la curva del fiume
mentre dinanzi
sull'opposta collina
un po' più in alto
vedo le mura oltre le quali
indovino conoscendoli
i celebri giardini.
A manca ammiro
il proseguire collinare
i saliscendi alberati

dove corrono, si nascondono
lepri, cinghiali
dove bramiti di cervi infrangono
il silenzio della bruma
dove si scorgono profili inerti
di altre dimore
o figure mutevoli
di esseri animati.
Seduto allo scrittoio
nella torre
intingo nell'inchiostro seppia
la punta della penna
una piuma di corvo
scrivo una lettera a cugini spagnoli
parenti indiretti

per via del ramo famigliare
d'uno zio materno.
Tre figli, due fanciulle
la maggiore si avvicina ai diciott'anni
la minore ne ha già sedici
seguite da un fanciullo quindicenne.
Giocano qui sotto, attorno al casolare
a rincorrersi, alla *cavallina*
sentirli ridere, gioire
mi rallegra come sempre il cuore.
Mia moglie, bruna, occhi color nocciola
oggi veste un abito, una tinta rara
mi dicono sia *blu ceruleo*
confabula in uno dei saloni
con le due sorelle.

Granducato di Toscana

Amo il torrione sopra la casa
dove scrivo, leggo
consulto i documenti
contemplo il mondo
dalle quattro finestre.
Non permetto a nessuno
in genere
di accedere qui dentro
nel mio studio
neanche ai familiari
ma fingo di non sapere
che i figli sono entrati
di nascosto
e la moglie lo ha mostrato
alle amiche giunte in visita.

Sono un alto funzionario
del nuovo Granducato
amo giocare a carte ed altro
comprendere i giochi
facilita i contatti
mi introduce nelle corti, nei buoni salotti
conosco le carte a semi italiani
coppe, spade, denari, bastoni
come le carte a semi tedeschi
foglie, ghiande, campanelli, cuori.

Penna d'airone

Al mattino presto
inizio la giornata
salendo nel torrione
la bruma è onnipresente
tranne verso valle
dove lentamente s'insinuano
i primi sfavilli d'un timido sole
aprendo spiragli, scorci, visioni
lasciandomi intravedere l'Arno.
Mi immergo in antiche cronache
riprendo vecchi trattati
annoto su fogli a parte
voglio provare una penna d'airone
me l'hanno regalata
ma è fuor di dubbio

per scrivere, la grafia è migliore
con la penna d'oca.
Appena concludo
le incombenze serie
le obbligazioni
mi delizio nella lettura
di esposti illustrati
studi di ornitologia.
Sovente, tutt'attorno
è un cinguettare
la fauna volante è ricca.
Vado spesso a passeggiare
seguendo il fiume per un tratto
dove osservando cerco
di discernere, di riconoscere

per le immagini ed i miei studi
almeno alcuni dei volatili
come la ghiandaia, il picchio
quello rosso oppure verde
la gazza pica pica
l'upupa, il torcicollo
il pigliamosche
lo scricciolo, la ballerina
quella bianca o invece gialla
ogni volta chiedo ai figli
di seguirmi tutti insieme
in questa caccia senza armi
ma non scopro in loro nuovi adepti
salvo la cadetta
con la quale ho affinità.

In questa casa, in questa città
in questa regione
nulla mi annoia, tutto mi aggrada
come se quaggiù, avessi vissuto altre vite
è l'intuizione che crea l'emozione
la percezione del *dejà vu*.

Firenze e dintorni

Il mio compito a Firenze
era redigere statistiche
censimento dei cittadini
delle varie categorie artigiane
arti e mestieri.
Il recente stato prevedeva
una moderna struttura
un assetto coerente
con i nuovi tempi
si percepiva un mutamento
nell'agire, nel pensiero
nei concetti
nell'idea dell'indomani.
Mi occupavo anche di altro
mi recavo a volte

fino al porto di Livorno
frequentato da navi inglesi
ma il motivo e la ragione
ancoranon riemergono
dal profondo della memoria.
La biblioteca di famiglia
era piuttosto eclettica
manoscritti di vario genere
in lingue diverse
occupavano le quattro pareti
attorno al salone.
Avevo amici a Firenze e dintorni
con collezioni di libri immense
una in particolare
dove i codici e gli scritti

colonizzavano due piani della casa.
Ogni volta che vi ero invitato
restavo all'inizio come stordito
girando il capo a destra, a sinistra
avrei voluto avere
cento mani, cento occhi
per poterli toccare, aprire
poterli leggere.
Amavo carezzare le rilegature
contemplare gli ornamenti
seguire con la punta delle dita
gli intagli, le incisioni
palpare il cuoio lavorato
il tipo di carta delle pagine.
Il mio ospite era felice

di avere ammiratori
per le sue raccolte
per i suoi volumi
io, lo ero similmente
per avere il privilegio
di contarmi fra tali eletti.

Firenze, Firenze, Firenze.

Da dove mi vengono queste idee?
Così nette, così precise?
Perché quella casa e non un'altra?
Dimore con le torri colombaie
ce ne sono altre
sulle stesse colline.
Perché dico tre figli?
Potrei dire di averne avuti due
oppure cinque
potrei dire due ragazzi e una ragazza
invece di due fanciulle e un fanciullo
come all'opposto ho scritto.
Più i pensieri rimangono su questa casa
più si aprono le intuizioni al riguardo
oltre all'appoggio

di alcune ricerche fatte

oltre ad una mia tecnica segreta

senza scordare la conferma

fattami da una persona.

Questa persona, la conosco

mi ha assicurato

che non è frutto d'immaginazione

quello che scrivo

ma anzi il mio vissuto.

Questo non toglie che possa attingere

dalla mia inventiva, la mia riflessione

dalla mia arte

per comporre, per costruire

un'opera nuova, originale

attorno al tema appassionante

della trasmigrazione dell'anima.

In questa signorile abitazione

ci ho vissuto almeno tre volte

tre vite distinte

quasi sempre a cent'anni di distanza

quando la dimora era dei Petrucci

patrizi fiorentini

casato di mia moglie

nella fine cinquecento

come ho appena raccontato

in seguito al tempo dei Boldacci

i quali si legarono ai precedenti

ricevendo la villa in dote

verso la fine del seicento.

La terza volta

verso fine settecento.

al tempo dei Razzolini

e questo era il mio nome.

La ruota del *karma*

Dopo di me

alla corte di Idris[1]

patriarca della dinastia

arrivarono altri poeti

iniziarono antagonismi, rivalità

invidie, gelosie

alimentate dai cortigiani

costoro, null'altro avevano da fare

a parte creare zizzania

prendendo parte per un vate

piuttosto che un altro

attribuendosi il privilegio

di essere loro protettore

per mettersi in mostra

esistere

giocando con il potere.

Ero giovane uomo

allergico a queste atmosfere

avido di scoprire nuovi luoghi

attratto dall'ignoto

bramoso di nuovi incontri

assetato di libertà.

Mi accommiatai dal sultano

iniziai di nuovo a peregrinare

lasciando dietro me

la capitale, la città di Fes

dapprima verso sud

senza una metà precisa

ma terribili inondazioni

provocate da piogge torrenziali

impreviste, inabituali

impedirono il percorso

invitandomi a cambiar intento

per risalire la via del nord

deviare per Tlemcen

seguendo la costa fino ad Algeri.

Ero completamente catturato

dall'emozione del viaggio.

ospite durante il cammino

per qualche giorno, qua e là

presso alcuni *sceriffi* e capi-tribù.

Ridiscesi verso sud

con una carovana

le distanze tra una città e l'altra

sembravano aumentare

i paesaggi si dilatavano

tingendosi di colori diversi

l'aria si faceva più densa

più compatta.

Mi fermai a Timimoun

un'oasi d'ocra rossa

orti coltivati all'ombra del palmeto

canali d'acqua a pettine

costruiti a mano

comunicanti tra loro

come una rete elaborata

le dune vicine

che cambiavano forma

modellate dal vento

ora sinuose, ora sensuali

a volte irritate

o calme, giocose, appagate.

Qualcosa mi stimolava a restare

laggiù mi sentivo bene

trovavo i colori, i suoni che cercavo

per nuove ispirazioni

altre sensazioni.

Incontrai altri bardi

verseggiatori

locali e vagabondi

gareggiavamo attorno al fuoco

in buona armonia

in lunghe notti sahariane

sotto milioni, miliardi di stelle.

Passarono otto mesi

finché un giorno, decisi

di riprendere il cammino

pagai il passaggio, associandomi

ad una carovana diretta verso nord

trasportava un carico di sale.

Addio magico luogo, magica oasi!

Ripresi la mia erranza

tornando ad Algeri

proseguii seguendo

la costa verso ovest

seguendo il ritmo

la ruota del *karma*

profondamente soddisfatto

intimamente appagato

saziato nei desideri

compiaciuto per quella avventura

quell'iniziatico viaggio.

L'esplorazione del mondo, dell'uomo

del *sé*, era durata circa tre anni.

Compiuta? No affatto!

Affermare questo a quell'età

sarebbe stato solo un atto d'arroganza.

Attraversai il Rif, fino allo stretto

dove una nave berbera

mi traghettò sull'altra sponda

nella terra di *el-Andalûs*.

Del seguito

del poi

del dopo

non so più nulla...

---

[1]Idrissidi. *Il ritorno dello sciamano*, ed. BoD 2017

Indice

3 Biografia

9 Premessa

13 **MANOSCRITTI E PLANISFERI**

15 Klementinum

20 Il palazzo

23 L'amicizia e il tempo

27 Movimento 1

31 Movimento 2

34 Movimento 3

36 Movimento 4

39 Domande, risposte

45 Zeta

49 Due tribunali

53 Firenze

57 Granducato di Toscana

59 Penna d'airone

63 Firenze e dintorni

67 Firenze, Firenze, Firenze

71 La ruota del karma